Zauberhafte
Brownies

Zauberhafte Brownies

Annie Rigg

Mit Fotos von Laura Edwards

Jan Thorbecke Verlag

VERLAGSGRUPPE PATMOS

PATMOS
ESCHBACH
GRÜNEWALD
THORBECKE
SCHWABEN

Die Verlagsgruppe
mit Sinn für das Leben

Dank

Ein großes „schokoladiges" Danke-schön an Laura Edwards und Liz Belton für die wundervollen Aufnah-men in diesem Buch. Und Danke, wie immer, an Céline und Iona von Ryland Peters & Small. Diese beiden haben mal wieder wahre Wunder vollbracht und alles zu einem harmonischen Ganzen verbunden – das Traumteam.

Anmerkungen

- Für die Rezepte in diesem Buch ver-wende ich, falls nicht ausdrücklich anders vermerkt,
  - gestrichene Tee- bzw. Esslöffel
  - große Eier
  - ungesalzene Butter
  - extrafeinen Zucker
- Backöfen sollten immer auf die an-gegebene Temperatur vorgeheizt werden. Da aber kein Ofen dem an-deren gleicht, empfehle ich die Ver-wendung eines Backofenthermome-ters. Darüber hinaus sollten Sie in der Bedienungsanleitung des Gerä-tes nachlesen, ob es irgendwelche Besonderheiten zu beachten gibt, insbesondere dann, wenn Sie mit einem Umluftofen backen. Es ist nämlich äußerst wichtig, dass die Temperatur gemäß den jeweiligen Herstellerangaben eingestellt wird.

Aus dem Englischen von Tanja Swoboda-Reimann

Umschlaggestaltung:
Finken & Bumiller, Stuttgart
Hergestellt in China
ISBN 978-3-7995-0700-4

Inhalt

Bitte noch ein Stückchen …

Dunkel, gehaltvoll, etwas klebrig und unglaublich schokoladig – so müssen Brownies sein. Für die Zubereitung dieser kleinen himmlischen Schokoquadrate benötigen Sie lediglich eine Hand voll verschiedener Zutaten, und schon sind Ihrem Einfallsreichtum keine Grenzen mehr gesetzt. Wenn Sie Kuchen backen, dann brauchen Sie dafür häufig ein elektrisches Handrührgerät oder gar eine Auswahl spezieller Backutensilien. Anders bei Brownies! Ein rechteckiges Backblech, fünf oder sechs verschiedene Zutaten und etwa 40 Minuten Ihrer kostbaren Zeit, et voilà! Die Zubereitung von Brownies setzt außerdem weder besondere Kenntnisse noch andauerndes kräftiges Schlagen oder Mixen voraus, denn es geht in erster Linie ums Schmelzen und Rühren. Das Ergebnis ist trotz des geringen Aufwandes aber so unverschämt gut, dass es beinahe unmöglich ist, nur einen einzigen Brownie zu essen.

So wie für alle Kuchen und Gebäcke sollten Sie auch für Brownies nur hochwertige Zutaten verwenden: gute Butter, reinen Vanille-Extrakt, frische Eier und natürlich gute Schokolade. Ich bevorzuge Schokolade mit einem Kakaogehalt von ca. 68 Prozent. Falls Sie lieber Schokolade mit einem höheren Kakaogehalt verwenden möchten, kein Problem, doch dann sollten Sie ein wenig mehr Zucker hinzufügen, um das Gleichgewicht der verschiedenen Aromen wiederherzustellen. Verwenden Sie zur Abwechslung doch auch einmal Schokolade mit Krokantstückchen, mit Orangenöl oder mit Gewürzen.

Beginnen Sie mit dem Grundrezept auf Seite 10 und experimentieren Sie dann ganz nach Lust und Laune. Schokolade passt zu fast allen Nusssorten, und natürlich können Sie für reine „Erwachsenen-Brownies" auch in Alkohol getränkte Trockenfrüchte unter den Teig mischen. Besonders beliebte Kombinationen sind getrocknete Kirschen in Kirschbrandy, Rosinen in süßem Sherry und Aprikosen in Marsala. Aber auch Karamell und Schokolade passen hervorragend zusammen, gleichgültig ob mit süßer Dulce de leche verfeinert, mit Salz angerührt oder mit zerbröselten Vanille-Toffees bestreut.

In diesem Buch finden Sie viele Deko-Ideen, damit Ihre Brownies immer zu etwas ganz Besonderem werden. Vor allem Kinder werden von den Brownie-Lollies und den Brownie-Eulen begeistert sein. Darüber hinaus können Sie aber auch zahlreiche weitere Tiergestalten aus Brownies formen. Versuchen Sie es doch einmal mit Teddybärgesichtern, Katzen oder Igeln. Alles, was Sie dafür brauchen, sind ein paar Schoko- oder Zuckerstreusel und etwas Fantasie.

In einem luftdicht schließenden Behälter sind Brownies 3 oder 4 Tage lang haltbar. Außerdem eignen sich die leckeren Schokoquadrate hervorragend für ein Picknick, als kleines Geschenk oder (von Zeit zu Zeit!) als Vesperbrotersatz.

Brownies passen einfach immer, egal, ob in ausgefallener oder schlichter Aufmachung, als mundgerechte Häppchen oder etwas größere Quadrate. Versuchen Sie sie doch einmal warm als Dessert zu (selbstgemachter) Eiscreme oder als „Pralinenersatz" nach einem leckeren Essen. Und natürlich sollten Ihre Brownies immer genauso lecker aussehen wie sie schmecken.

Cremes und Glasuren

Brownies schmecken am besten frisch gebacken. Allerdings sehen sie gleich noch einmal so hübsch aus, wenn Sie sie mit Schokoladencreme, bunten Zuckerstreuseln, frisch geriebenen Schokoraspeln oder farbig gestreiften Zuckerstangen verzieren. Am besten, Sie haben immer ein paar Vanille-Toffees, Nüsse und Mini-Marshmallows auf Lager, denn dann können Sie sich mit Ihren fröhlich-bunten Brownies jeden noch so trüben Regentag versüßen. Meiner Meinung nach eignen sich sternförmige Tüllen am besten zum Dekorieren von Kuchen und Brownies. Für das Aufspritzen von Rosetten benötigen Sie keine besonderen Kenntnisse oder Fähigkeiten, lediglich etwas Übung.

Buttercreme mit weißer Schokolade

100 g weiße Schokolade, fein gehackt
100 g weiche Butter
150 g gesiebter Puderzucker
½ TL Vanille-Extrakt

Die Schokolade in eine hitzebeständige Schale geben, auf einen Topf mit leicht köchelndem Wasser stellen (Vorsicht, der Boden der Schale darf das Wasser dabei nicht berühren!) und die Schokolade vorsichtig zum Schmelzen bringen. Die Masse glatt rühren, etwas abkühlen lassen und anschließend die Butter und den Zucker in einer separaten Schüssel schaumig aufschlagen. Den Vanille-Extrakt und die geschmolzene Schokolade hinzufügen und alles zu einer geschmeidigen Creme verrühren.

Milchschokoladencreme

125 g Zartbitterschokolade, fein gehackt (ich persönlich verwende für diese Creme am liebsten Schokolade mit einem Kakaogehalt von 54–68 Prozent)
125 g Milchschokolade, fein gehackt
175 ml Crème double
1 EL Ahornsirup oder heller Zuckersirup
125 g weiche Butter, in Würfeln

Die Schokolade in eine hitzebeständige Schale geben, die Crème double und den Sirup in einem kleinen Topf bis zum Siedepunkt erwärmen und die heiße Mischung über die Schokolade gießen. Die Butter hinzufügen, alles zum Schmelzen bringen und die Creme dabei sorgfältig glatt rühren. Vor der Weiterverarbeitung noch etwas nachdicken lassen.

Dunkle Schokoladencreme

150 g Zartbitterschokolade, fein gehackt
150 ml Crème double
1 EL Mascobado (Vollrohrzucker)
1 Prise Salz

Die Schokolade in eine hitzebeständige Schale geben, die Crème double und den Zucker in einem kleinen Topf erwärmen, bis der Zucker aufgelöst ist und die Sahne kocht, und anschließend das Salz hinzufügen. Diese Mischung über die Schokolade gießen, zum Schmelzen bringen und alles zu einer geschmeidigen Masse verrühren. Die Creme vor der Weiterverarbeitung eine Weile stehen lassen, damit sie abkühlen und noch etwas nachdicken kann.

Schokoladenglasur

100 g Zartbitterschokolade, fein gehackt
75 g Milchschokolade, fein gehackt
1 EL Sonnenblumenöl
½–1 EL heller Zuckersirup oder Maissirup

Alle Zutaten in eine hitzebeständige Schale geben, die Schale auf einen Topf mit leicht köchelndem Wasser stellen (Vorsicht, der Boden der Schale darf das Wasser dabei nicht berühren!) und die Masse unter Rühren zum Schmelzen bringen. Glatt rühren, vom Herd nehmen und eine Weile stehen lassen, damit die Creme abkühlen und noch etwas nachdicken kann.

Einfach

Auf dieser Seite stelle ich Ihnen das einfache, aber dennoch unglaublich leckere Brownie-Grundrezept vor. Es bildet die Grundlage für viele der nachfolgenden Rezepte.

Dunkle Schokolade

225 g Zartbitterschokolade, gehackt

150 g Butter, in Würfeln

125 g Zucker, plus 1 EL extra

125 g Mascobado (Vollrohrzucker), plus 1 EL extra

4 Eier

1 TL Vanille-Extrakt

125 g Allzweckmehl

1 Prise Salz

eine 23 x 23 cm große Backform, eingefettet und mit gefettetem Backpapier ausgelegt

ergibt 16 Stück

Den Backofen auf 170 °C vorheizen.

Die Schokolade und die Butter in eine hitzebeständige Schale geben, die Schale auf einen Topf mit leicht köchelndem Wasser stellen (Vorsicht, der Boden der Schale darf das Wasser dabei nicht berühren!) und alles zu einer einheitlichen geschmeidigen Masse verrühren. Die Schokolade etwas abkühlen lassen.

Den Zucker und den Mascobado hinzufügen, alles gründlich miteinander vermengen und anschließend ein Ei nach dem anderen dazugeben. Die Masse nach jeder neuen Zugabe sorgfältig umrühren, den Vanille-Extrakt hinzufügen und zum Schluss das Mehl und das Salz darübersieben. Alles gründlich durchmischen.

Den Teig in die vorbereitete Backform geben, glatt streichen und auf mittlerer Schiene im vorgeheizten Ofen 20-25 Minuten backen. Die Brownies sollten danach eine dünne Kruste auf der Oberfläche ausgebildet haben.

Den fertig gebackenen Teig aus dem Ofen nehmen, in der Form vollständig erkalten lassen und vor dem Servieren in 16 Stücke schneiden.

Diese zierlichen Mini-Brownies werden in einer Muffinform gebacken und mit zerkrümelten Vanille-Toffees bestreut. Verwenden Sie hierfür nur Toffees von bester Qualität.

Vanille-Toffees

175 g Zartbitterschokolade, gehackt
125 g Butter, in Würfeln, plus etwas zusätzliche Butter zum Einfetten
100 g Zucker
50 g Mascobado (Vollrohrzucker)
2 Eier
1 TL Vanille-Extrakt
100 g Allzweckmehlmehl, plus 1 EL extra, plus etwas zusätzliches Mehl zum Bestäuben
½ TL Backpulver
1 Prise Salz
50 g Vanille-Toffees, gehackt, plus ein paar Toffees extra zum Garnieren

Schokoladen-Ahornsirup-Glasur
125 g Zartbitterschokolade, fein gehackt
100 ml Crème double
2–3 EL Ahornsirup
ein Muffinblech mit 12 Vertiefungen

ergibt 10 Stück

Den Backofen auf 170 °C vorheizen.

Zehn der zwölf Backblechvertiefungen einfetten, die Böden der eingefetteten Vertiefungen mit Kreisen aus gefettetem Backpapier auslegen und alles mit Mehl bestäuben. Das überschüssige Mehl vorsichtig abklopfen.

Die Schokolade und die Butter in eine hitzebeständige Schale geben, die Schale auf einen Topf mit köchelndem Wasser stellen und alles zu einer einheitlichen geschmeidigen Masse verrühren. Die Schokolade etwas abkühlen lassen.

Den Zucker, den Mascobado, die Eier und den Vanille-Extrakt in einer separaten Schüssel 2–3 Minuten lang schaumig aufschlagen, die geschmolzene Schokolade unterrühren und anschließend das Mehl, das Backpulver und das Salz darübersieben. Alles gründlich miteinander vermengen und zum Schluss die gehackten Toffees unterheben.

Den Teig gleichmäßig auf die vorbereiteten Vertiefungen verteilen, auf mittlerer Schiene im vorgeheizten Ofen ca. 15 Minuten backen und danach herausnehmen. 2 Minuten in der Form abkühlen lassen, mit Hilfe eines Paletten- oder Tortenmessers vorsichtig herausheben und bis zum vollständigen Erkalten mit der Unterseite nach oben auf ein Kuchengitter legen.

Für die Schokoladen-Ahornsirup-Glasur alle Zutaten in einen kleinen Topf geben, die Mischung bei niedriger Hitze erwärmen und anschließend zu einer einheitlichen geschmeidigen Masse verrühren. Die Glasur zum Abkühlen und Eindicken beiseite stellen und dann löffelweise über die Brownies geben, sodass sie an den Rändern etwas herabläuft. Die Brownies mit den gehackten Toffees bestreuen und vor dem Servieren nochmals ruhen lassen.

Diese mit Karamell verfeinerten Brownies schmecken einfach unwider-
stehlich. Servieren Sie sie warm als Dessert und reichen Sie dazu Eiscreme.

Salzige Karamell-Wirbel

100 g geschälte Pekannüsse
225 g Zartbitterschokolade,
gehackt
150 g Butter, in Würfeln,
plus 2 EL extra
225 g Zucker
4 Eier, leicht verquirlt
1 TL Vanille-Extrakt
125 g Allzweckmehl
1 Prise Salz

Salzkaramell
50 g extrafeiner Zucker
50 g Mascobado (Vollrohrzucker)
2 EL Butter
75 ml Crème double
½ TL Meersalzflocken
*eine 23 x 23 cm große Backform,
eingefettet und mit gefettetem
Backpapier ausgelegt*

ergibt 25 Stück

Zunächst das Salzkaramell zubereiten. Hierfür den extrafeinen Zucker und 2 EL Wasser in einen Topf geben, den Zucker auf kleiner Flamme vollständig auflösen und anschließend bis zum Siedepunkt erhitzen. Solange köcheln lassen, bis der Zucker zu bernstein- farbenem Karamell geworden ist, vom Herd nehmen und anschließend den Masco- bado, die Butter und die Crème double unterrühren. Alles gründlich vermengen, das Karamell bei niedriger Hitze in 3–4 Minuten dickflüssig einkochen lassen, bis es an der Rückseite eines Löffels haften bleibt, und danach vom Herd nehmen. Das Salz dazu- geben und das Karamell bis zum vollständigen Erkalten beiseite stellen.

Den Backofen auf 170 °C vorheizen. Die Pekannüsse auf einem Backblech verteilen, im vorgeheizten Ofen 5 Minuten lang rösten und anschließend klein hacken. Die Nüsse zum Abkühlen beiseite stellen.

Die Schokolade und die Butter in eine hitzebeständige Schale geben, die Schale auf einen Topf mit köchelndem Wasser stellen und alles zu einer einheitlichen geschmeidi- gen Masse verrühren. Die Schokolade etwas abkühlen lassen.

Den Zucker, die Eier und den Vanille-Extrakt in einer separaten Schüssel schaumig auf- schlagen, die geschmolzene Schokolade hinzufügen und alle Zutaten gründlich mit- einander vermengen. Das Mehl und das Salz darübersieben, sorgfältig umrühren und danach die gerösteten Nüsse dazugeben.

Die Hälfte des Teiges in die Backform streichen, die Hälfte des Salzkaramells darüber- träufeln und alles mit dem restlichen Teig bedecken. Die andere Hälfte des Salzkara- mells darübergießen, ein Paletten- oder Tortenmesser spiralförmig durch die verschiede- nen Schichten ziehen, sodass ein Marmormuster entsteht, und das Blech danach einmal kräftig gegen die Arbeitsplatte schlagen, um die Masse gleichmäßig auf dem Blech zu verteilen. Den Teig im vorgeheizten Ofen 20–25 Minuten backen.

Den fertig gebackenen Teig aus dem Ofen nehmen, in der Form vollständig erkalten las- sen und vor dem Servieren in 25 Stücke schneiden.

Erdnussbutter-Konfitüren-Pasten werden häufig als Füllung für Sandwiches verwendet. Doch wenn Sie das Brot durch Schokolade ersetzen und alle Zutaten gründlich miteinander vermengen, dann haben Sie im Handumdrehen einen neuen Brownie-Klassiker erschaffen.

Erdnussbutter & Konfitüre

125 g Zartbitterschokolade, gehackt
100 g Butter, in Würfeln
175 g Zucker, plus 1 EL extra
3 Eier
100 g Allzweckmehl, plus 1 EL extra
1 Prise Salz
4 gehäufte EL Himbeerkonfitüre

Erdnussbuttercreme

75 g Frischkäse
1 Ei, leicht verquirlt
1 TL Vanille-Extrakt
100 g Zucker
150 g Erdnussbutter
eine 20 x 30 cm große Backform, eingefettet und mit gefettetem Backpapier ausgelegt

ergibt 16–20 Stück

Den Backofen auf 170 °C vorheizen.

Zunächst die Erdnussbuttercreme zubereiten. Hierfür alle Zutaten in eine Schale geben, gründlich durchmischen und anschließend beiseite stellen.

Die Schokolade und die Butter in eine hitzebeständige Schale geben, die Schale auf einen Topf mit köchelndem Wasser stellen und alles zu einer einheitlichen geschmeidigen Masse verrühren. Die Schokolade etwas abkühlen lassen.

Den Zucker und die Eier in einer separaten Schüssel 2–3 Minuten lang schaumig aufschlagen, die geschmolzene Schokolade unterrühren und anschließend das Mehl und das Salz darübersieben. Alles gründlich miteinander vermengen.

Zwei Drittel der Brownie-Mischung in die vorbereitete Backform geben, die Himbeerkonfitüre, ein Drittel der Erdnussbuttercreme sowie die restliche Brownie-Mischung gleichmäßig darauf verteilen und alles mit der verbleibenden Erdnussbuttercreme bestreichen. Ein Paletten- oder Tortenmesser spiralförmig durch die verschiedenen Schichten ziehen, sodass ein Marmormuster dabei entsteht, das Blech einmal kräftig gegen die Arbeitsplatte schlagen, um die Masse gleichmäßig auf dem Blech zu verteilen und den Teig anschließend auf mittlerer Schiene im vorgeheizten Ofen 20–25 Minuten backen.

Den fertig gebackenen Teig aus dem Ofen nehmen, in der Form vollständig erkalten lassen und vor dem Servieren in 16–20 Stücke schneiden.

In der Mitte eines jeden Brownies ist ein schokoliertes Karamellbonbon versteckt. Natürlich können Sie anstelle des Karamellbonbons auch Erdnussbutterkekse oder Mini-Marshmallows verwenden.

Karamell-Überraschung

1 Portion dunkle Schokoladen-Brownies (Grundrezept Seite 10), bis zu dem Punkt, an dem die Mischung auf das Backblech gestrichen wird
25 schokolierte Karamellbonbons
eine 23 x 23 cm große Backform, eingefettet und mit gefettetem Backpapier ausgelegt
Goldfolie und Geschenkbänder (nach Belieben)

ergibt 25 Stück

Den Backofen auf 170 °C vorheizen.

Die Brownies nach dem Grundrezept (Seite 10) zubereiten und das Rezept bis zu dem Punkt befolgen, an dem die Mischung auf das Backblech gestrichen wird. Den Teig gedanklich in fünf waagrechte und fünf senkrechte Reihen schneiden und anschließend in die Mitte eines jeden Teigstückes, aus dem später ein Brownie entstehen soll, ein Karamellbonbon drücken.

Den Teig auf mittlerer Schiene im vorgeheizten Ofen 20–25 Minuten backen.

Den fertig gebackenen Teig aus dem Ofen nehmen, in der Form vollständig erkalten lassen und in 25 Stücke schneiden. Beim Aufschneiden darauf achten, dass sich in der Mitte eines jeden Brownies ein Karamellbonbon befindet.

Wenn Sie die Brownies als Geschenk verpacken möchten, dann wickeln Sie sie einfach einzeln in Goldfolie ein und verzieren Sie die Päckchen anschließend mit Geschenkbändern.

Diese Brownies können sich nicht entscheiden, ob sie lieber ein Dessert oder ein Teegebäck sein wollen. Sie sind saftig, cremig und schwer – und schmecken einfach immer gut.

Marmorierter Käsekuchen

200 g Zartbitterschokolade, gehackt
150 g Butter, in Würfeln
200 g Zucker
3 Eier
125 g Allzweckmehl
1 Prise Salz

Käsekuchenmischung
350 g Frischkäse
1 TL Vanille-Extrakt
125 g Zucker
2 Eier, leicht verquirlt

eine 20 x 30 cm große Backform, eingefettet und mit gefettetem Backpapier ausgelegt

ergibt 16–20 Stück

Den Backofen auf 170 °C vorheizen.

Zunächst die Käsekuchenmischung zubereiten. Hierfür alle Zutaten in eine Schüssel geben, gründlich miteinander vermengen und anschließend beiseite stellen.

Die Schokolade und die Butter in eine hitzebeständige Schale geben, die Schale auf einen Topf mit köchelndem Wasser stellen und alles zu einer einheitlichen geschmeidigen Masse verrühren. Die Schokolade etwas abkühlen lassen.

Den Zucker und die Eier mit einem Schneebesen in einer separaten Schüssel 1–2 Minuten lang aufschlagen, die geschmolzene Schokolade unterziehen und alles sorgfältig durchmischen. Anschließend das Mehl und das Salz darübersieben und die Mischung zu einem geschmeidigen, schweren Teig verrühren.

Drei Viertel der Brownie-Mischung in die vorbereitete Backform geben, die Käsekuchenmasse gleichmäßig darauf verteilen und alles mit dem restlichen Teig bestreichen. Ein Paletten- oder Tortenmesser spiralförmig durch die verschiedenen Schichten ziehen, sodass ein Marmormuster dabei entsteht, das Blech einmal kräftig gegen die Arbeitsplatte schlagen, um die Masse gleichmäßig auf dem Blech zu verteilen und den Teig anschließend auf mittlerer Schiene im vorgeheizten Ofen 30–35 Minuten backen.

Den fertig gebackenen Teig aus dem Ofen nehmen, in der Form vollständig erkalten lassen und vor dem Servieren in 16–20 Stücke schneiden.

Verfeinern Sie diese hübschen hellen Brownies doch einmal mit getrockneten Cranberries oder 1 EL Kokosraspeln. Natürlich können Sie anstelle der Pekannüsse auch jede andere Nusssorte verwenden.

Weiße Schokolade & Pekannüsse

75 g geschälte Pekannüsse
75 g weiße Schokolade, gehackt
175 g Allzweckmehl
1 TL Backpulver
2 EL Malzmilchpulver
1 Prise Salz
125 g weiche Butter
175 g unraffinierter Zucker,
plus 2 EL extra
2 Eier, leicht verquirlt
1 TL Vanille-Extrakt
75 g Schoko-Tropfen aus
weißer Schokolade
eine 20 x 20 cm große Backform,
eingefettet und mit gefettetem
Backpapier ausgelegt

ergibt 16 Stück

Den Backofen auf 170 °C vorheizen.

Die Pekannüsse auf einem Backblech verteilen, im vorgeheizten Ofen 5 Minuten lang rösten und anschließend klein hacken. Die Nüsse zum Abkühlen beiseite stellen.

Die Schokolade entweder im Wasserbad oder auf kleiner Stufe in der Mikrowelle erwärmen und dabei vorsichtig zum Schmelzen bringen.

Das Mehl zusammen mit dem Backpulver, dem Malzmilchpulver und dem Salz in eine Schüssel sieben.

Die Butter und den Zucker in einer separaten Schüssel cremig aufschlagen, die Eier einzeln nacheinander hinzufügen und die Masse nach jeder neuen Zugabe sorgfältig durchrühren. Den Vanille-Extrakt und die geschmolzene Schokolade dazugeben, alles gründlich miteinander vermengen und zum Schluss die gesiebte Mehlmischung, die Pekannüsse und die Schoko-Tropfen unterheben.

Die Mischung in die vorbereitete Backform streichen und auf mittlerer Schiene im vorgeheizten Ofen in 25 – 30 Minuten goldgelb backen.

Den fertig gebackenen Teig aus dem Ofen nehmen, in der Form vollständig erkalten lassen und vor dem Servieren in 16 Stücke schneiden.

Hübsch

Die Kombination aus getrockneten Kirschen und dunkler Schoko-lade ist schlichtweg ein Traum. Dekorieren Sie diese Brownies mit frisch geriebenen Kokosraspeln und leckeren roten Kirschen.

Kirsche & Kokos

200 g Zartbitterschokolade
125 g Butter, in Würfeln
200 g Zucker
4 Eier
75 g Allzweckmehl
1 Prise Salz
75 g kandierte Kirschen
50 g getrocknete Sauerkirschen
50 g getrocknete Kokosraspeln

Garnitur
1 Portion dunkle Schoko-ladencreme (Seite 9)
frische Kokosraspeln
16 frische Kirschen, mit Stielen
eine 23 x 23 cm große Backform, eingefettet und mit gefettetem Backpapier ausgelegt

ergibt 16 Stück

Den Backofen auf 170 °C vorheizen.

Die gehackte Schokolade und die Butter in eine hitzebeständige Schale geben, die Schale auf einen Topf mit köchelndem Wasser stellen und alles zu einer einheitlich ge-schmeidigen Masse verrühren. Die Schokolade etwas abkühlen lassen.

Den Zucker und die Eier mit einem Schneebesen in einer separaten Schüssel 1–2 Minu-ten lang aufschlagen, die geschmolzene Schokolade hinzufügen und alles gründlich mit-einander vermengen. Anschließend das Mehl und das Salz darübersieben und zum Schluss die grob gehackten kandierten Kirschen, die klein gehackten Sauerkirschen und die getrockneten Kokosraspeln unterrühren.

Die Mischung in die vorbereitete Backform streichen und auf mittlerer Schiene im vor-geheizten Ofen 20–25 Minuten backen.

Den fertig gebackenen Teig aus dem Ofen nehmen, in der Form vollständig erkalten lassen und in der Zwischenzeit die dunkle Schokoladencreme (Seite 9) zubereiten.

Den fertig gebackenen Teig in 16 Stücke schneiden und jeden Brownie mit einem Klecks Schokoladencreme, einigen frisch geriebenen, leicht gerösteten Kokosraspeln und einer Kirsche garnieren.

Schneiden Sie diese Brownies in kleine mundgerechte Stücke, dekorieren Sie sie mit einer Rosette aus dunkler Schokoladencreme und reichen Sie sie – anstelle der sonst üblichen Schachtel Schokotrüffel – zusammen mit einer Tasse Kaffee zum Nachtisch.

Petits Fours

50 g getrocknete Sauerkirschen (oder Rosinen), grob gehackt
2 EL Brandy, süßer Sherry oder Marsala
125 g Zartbitterschokolade, gehackt
75 g Butter, in Würfeln
125 g Zucker, plus 2 EL extra
2 Eier
½ TL Vanille-Extrakt
50 g Allzweckmehl
1 Prise Salz

Garnitur

½ Portion dunkle Schokoladencreme (Seite 9)
kandierte Rosen und Veilchen, kandierte Ingwerstückchen, kandierte Orangenschalen, gold- und silberfarbene Zuckerkügelchen
eine 17 x 17 cm große Backform, eingefettet und mit gefettetem Backpapier ausgelegt
ein Spritzbeutel mit sternförmiger Tülle

ergibt 25–36 Stück

Die Kirschen in einen kleinen Topf geben, den Brandy dazugießen und alles auf kleiner Flamme erwärmen. Die Mischung wieder vom Herd nehmen, etwas abkühlen lassen und anschließend 15 Minuten lang einweichen.

Den Backofen auf 170 °C vorheizen.

Die Schokolade und die Butter in eine hitzebeständige Schale geben, die Schale auf einen Topf mit köchelndem Wasser stellen und alles zu einer einheitlichen geschmeidigen Masse verrühren. Die Schokolade etwas abkühlen lassen.

Den Zucker und die Eier in eine Schüssel geben, die Mischung mit Hilfe eines Schneebesens schaumig aufschlagen und anschließend die geschmolzene Schokolade hinzufügen. Alles gründlich durchrühren, den Vanille-Extrakt und die Kirschen (inklusive Einweichflüssigkeit) dazugeben und zum Schluss das Mehl und das Salz unterheben.

Die Mischung in die vorbereitete Backform streichen und auf mittlerer Schiene im vorgeheizten Ofen ca. 15 Minuten backen.

Den fertig gebackenen Teig herausnehmen, in der Form vollständig erkalten lassen und anschließend mitsamt der Form in den Kühlschrank stellen.

In der Zwischenzeit die Schokoladencreme (Seite 9) zubereiten und in den vorbereiteten Spritzbeutel füllen.

Die gekühlte Brownie-Masse auf ein Brett stürzen, in 25–36 Würfel schneiden und jeden Würfel mit einer aufgespritzten Rosette aus Schokoladencreme und Ihrer persönlichen Lieblings-Garnitur verzieren. Die Petits Fours bis zum Servieren in den Kühlschrank stellen.

Meiner Meinung entfaltet sich das volle Aroma frischer Aprikosen erst beim Backen. Und natürlich schmecken die süßen Früchte gleich noch einmal so gut, wenn sie auf einem Brownie-Teig gebacken werden.

Aprikose & Mandel

225 g Zartbitterschokolade, gehackt
150 g Butter, in Würfeln
125 g Mandelblättchen
225 g Zucker, plus 2 EL extra
4 Eier
1 TL Vanille-Extrakt
125 g Allzweckmehl
1 Prise Salz
8 frische Aprikosen, entsteint und geviertelt
eine 20 x 30 cm große Backform, eingefettet und mit gefettetem Backpapier ausgelegt
ergibt 16–20 Stück

Den Backofen auf 170 °C vorheizen.

Die Schokolade und die Butter in eine hitzebeständige Schale geben, die Schale auf einen Topf mit köchelndem Wasser stellen und alles zu einer einheitlichen geschmeidigen Masse verrühren. Die Schokolade etwas abkühlen lassen.

Zwei Drittel der Mandelblättchen in einer Bratpfanne erwärmen und unter häufigem Rühren auf kleiner Flamme goldgelb rösten.

Den Zucker, die Eier und den Vanille-Extrakt in einer separaten Schüssel vorsichtig aufschlagen, die geschmolzene Schokolade hinzufügen und alle Zutaten gründlich miteinander vermengen. Anschließend das Mehl und das Salz darübersieben und zum Schluss die gerösteten Mandeln unterrühren.

Die Mischung in die vorbereitete Backform streichen, die Aprikosenviertel darauf verteilen und die Oberfläche mit den restlichen Mandelblättchen bestreuen. Die Aprikosen-Brownies auf mittlerer Schiene im vorgeheizten Ofen ca. 40 Minuten backen, bis der Teig gut durch ist und die Aprikosen weich geworden sind.

Den fertig gebackenen Teig aus dem Ofen nehmen, in der Form vollständig erkalten lassen und vor dem Servieren in 16–20 Stücke schneiden.

Bereiten Sie die weißen Schoko-Herzen am besten schon einige Tage im Voraus zu und bewahren Sie sie bis zum Servieren im Kühlschrank auf. Die herzförmigen Zuckerstreusel können Sie entweder in gut sortierten Backwarengeschäften oder bei Online-Anbietern kaufen.

Liebes-Herzen

1 EL geschmolzene Butter
1 EL Allzweckmehl
1 Portion dunkle Schokoladen-Brownies (Grundrezept Seite 10)

Garnitur
150 g weiße Schokolade, gehackt
1 Portion dunkle Schokoladen-creme (Seite 9)
3–4 EL Aprikosen- oder Himbeerkonfitüre
flüssige rote Lebensmittelfarbe
essbare rote (oder rosafarbene) Glitzerdeko
herzförmige rote Zuckerstreusel
ein Backblech, mit Backpapier ausgelegt
12 herzförmige Backförmchen, ca. 10 cm breit und mit Backpapier ausgelegt (sollten Sie keine 12 Förmchen haben, backen Sie die Herzen einfach portionsweise)
eine saubere Zahnbürste
kleine herzförmige Plätzchenaus-stecher in verschiedenen Größen

ergibt 12 Stück

Zunächst die weißen Schoko-Herzen zubereiten. Hierfür die weiße Schokolade im Wasserbad oder bei niedriger Wattzahl in der Mikrowelle zum Schmelzen bringen, 2 Millimeter dick auf das vorbereitete Backblech streichen und anschließend an einem kühlen Ort fest werden lassen.

Den Backofen auf 170 °C vorheizen.

Die Innenseiten der Herzbackförmchen mit der geschmolzenen Butter bestreichen, die Böden mit eingefettetem Backpapier auslegen und die Förmchen mit etwas Mehl bestäuben. Das überschüssige Mehl vorsichtig abklopfen.

Die dunklen Schokoladen-Brownies nach dem Grundrezept auf Seite 10 zubereiten und den fertigen Teig gleichmäßig auf die vorbereiteten Backförmchen verteilen. Die Förmchen anschließend auf ein Backblech legen und auf mittlerer Schiene im vorgeheizten Ofen 12–15 Minuten backen.

Die fertigen Herzen aus dem Ofen nehmen, 10 Minuten in der Form abkühlen lassen und bis zum vollständigen Erkalten auf ein Kuchengitter legen.

Die dunkle Schokoladencreme nach dem Rezept auf Seite 9 zubereiten. Die Konfitüre erwärmen, durch ein Sieb streichen und mit einem Pinsel auf die Brownie-Herzen auftragen. 5 Minuten ruhen lassen.

Eine kleine Menge der roten Lebensmittelfarbe auf einen Unterteller geben, die Zahnbürste in die Farbe tunken und die Hälfte der weißen Schokolade mit kleinen roten Farbtupfen besprenkeln (dies geht am besten, wenn Sie die Zahnbürste einige Male kräftig über der Schokolade ausschütteln). Die andere Hälfte der Schokolade mit der Glitzerdeko bestreuen, trocken werden lassen und anschließend mit verschieden großen Ausstechern Herzen ausstechen.

Die Schokoladencreme auf die Brownie-Herzen streichen und mit den weißen Schoko-Herzen und den Zuckerstreuseln garnieren.

Bei diesem Rezept handelt es sich um leckere kleine Kuchen, gefüllt mit süßen Himbeeren und weißer Schokolade. Genau das Richtige für eine sommerliche Tee-Party.

Weiße Schokolade & Himbeere

75 g weiße Schokolade, gehackt, plus einige zusätzliche weiße Schoko-Raspeln zum Garnieren

75 g Allzweckmehl

½ TL Backpulver

1 Prise Salz

50 g Mandeln, gemahlen

75 g weiche Butter

150 g Zucker

2 Eier, leicht verquirlt

1 TL Vanille-Extrakt

abgeriebene Schale von ½ ungewachsten Zitrone

50 g Schoko-Tropfen aus weißer Schokolade

150 g Himbeeren, plus ein paar zusätzliche Himbeeren zum Garnieren

1 gehäufter EL Mandelblättchen

eine 20 x 20 cm große Backform, eingefettet und mit gefettetem Backpapier ausgelegt

ergibt 16 Stück

Den Backofen auf 170 °C vorheizen.

Die Schokolade im Wasserbad bzw. bei niedriger Wattzahl in der Mikrowelle zum Schmelzen bringen.

Das Mehl zusammen mit dem Backpulver und dem Salz in eine Schüssel sieben und mit den gemahlenen Mandeln vermengen.

Die Butter und den Zucker in einer separaten Schüssel cremig aufschlagen, die Eier einzeln nacheinander hinzufügen und die Mischung nach jeder neuen Zugabe sorgfältig umrühren. Den Vanille-Extrakt, die Zitronenschale und die geschmolzene Schokolade dazugeben, alles gründlich miteinander vermengen und anschließend die Mehl-Mandel-Mischung und die Schoko-Tropfen unterheben.

Die Mischung in die vorbereitete Backform streichen, die Himbeeren darauf verteilen und die Mandelblättchen über die Himbeeren streuen. Die Himbeer-Brownies auf mittlerer Schiene im vorgeheizten Ofen in 25 – 30 Minuten goldgelb backen.

Den fertigen Teig aus dem Ofen nehmen, in der Form vollständig erkalten lassen und vor dem Servieren in 16 Stücke schneiden. Die Brownies mit den zusätzlichen Himbeeren und frisch geriebenen weißen Schoko-Raspeln garnieren.

Diese leckeren Brownies sehen mit weißen und braunen Schoko-Raspeln besonders hübsch aus.

Kaffee-Brownies

100 g geschälte Pekannüsse
200 g Mascobado (Vollrohrzucker)
175 g Butter
3 EL Instant-Kaffee (Granulat)
2 Eier, leicht verquirlt
1 TL Vanille-Extrakt
250 g Allzweckmehl
2 TL Backpulver
1 Prise Salz
100 g Schoko-Tropfen aus Zartbitterschokolade

Garnitur
200 ml Crème double
2 EL Puderzucker
weiße u. braune Schoko-Raspeln
schokolierte Kaffeebohnen
*eine 20 x 30 cm große Backform,
eingefettet und mit gefettetem
Backpapier ausgelegt*

ergibt 16–20 Stück

Den Backofen auf 170 °C vorheizen.

Die Pekannüsse auf einem Backblech verteilen, im vorgeheizten Ofen 5 Minuten rösten und anschließend klein hacken. Die Nüsse zum Abkühlen beiseite stellen und den Ofen für später angeschaltet lassen.

Den Mascobado und die Butter in einem mittelgroßen Topf bei niedriger bis mittlerer Hitze erwärmen und die Mischung danach unter Rühren zum Schmelzen bringen. Den Instant-Kaffee in 1 ½ EL kochendem Wasser auflösen, zwei Drittel davon in den Topf gießen (bewahren Sie den übrigen Kaffee für die Kaffeecreme auf) und den Topf vom Herd nehmen. Die Butter-Zucker-Kaffee-Mischung vollständig erkalten lassen.

Die Eier und den Vanille-Extrakt unter die ausgekühlte Mischung rühren, das Mehl, das Backpulver und das Salz darübersieben und alles gründlich vermengen. Anschließend die Schoko-Tropfen und die Pekannüsse unterheben, den Brownie-Teig in die Backform streichen und auf mittlerer Schiene im vorgeheizten Ofen ca. 25 Minuten backen, bis er in der Mitte durch ist und auf der Oberfläche eine dünne Kruste ausgebildet hat. Aus dem Ofen nehmen, in der Form vollständig erkalten lassen und in der Zwischenzeit für die Kaffeecreme die Crème double mit dem restlichen Instantkaffee und dem Zucker cremig aufschlagen.
Den ausgekühlten Teig aus der Form nehmen, in Stücke schneiden und jedes Stück mit einem Klecks Kaffeecreme, den Schoko-Raspeln und den Kaffeebohnen garnieren.

Diese köstlichen Feinschmeckerhäppchen aus Toffees, Schoko-Tropfen, Nüssen und Karamellcreme stellen eine gelungene Mischung aus dunklen und hellen Brownies dar. Wenn Sie dann noch Karamellfäden machen können – umso besser.

Butterscotch

75 g Pekannüsse, geschält
225 g Allzweckmehl
1 TL Backpulver
½ TL Backnatron
1 Prise Salz
150 g weiche Butter
150 g hellbrauner weicher Zucker
100 g unraffinierter Zucker
2 Eier, leicht verquirlt
1 TL Vanille-Extrakt
50 g Schoko-Tropfen
75 g Toffees, gehackt

Garnitur
150 g Zucker
150 ml Crème double
200 g weiche Butter,
plus 5 EL extra

eine 20 x 30 cm große Backform, eingefettet und mit gefettetem Backpapier ausgelegt
einen Spritzbeutel mit einfacher Tülle

ergibt 16–20 Stück

Den Backofen auf 170 °C vorheizen.

Die Nüsse auf einem Backblech verteilen, im vorgeheizten Ofen 5 Minuten lang rösten und anschließend klein hacken. Die Nüsse zum Abkühlen beiseite stellen.

Das Mehl zusammen mit dem Backpulver, dem Backnatron und dem Salz in eine Schüssel sieben.

Die Butter zusammen mit dem braunen und dem unraffinierten Zucker in einer separaten Schüssel cremig aufschlagen, die Eier einzeln nacheinander hinzufügen und die Masse nach jeder neuen Zugabe sorgfältig umrühren. Anschließend den Vanille-Extrakt sowie die gesiebte Mehlmischung dazugeben, die Schoko-Tropfen, die Pekannüsse und die Toffees unterheben und alles gründlich durchmischen. Die Mischung in die vorbereitete Backform streichen und auf mittlerer Schiene im vorgeheizten Ofen 25 Minuten backen.

Den fertigen Teig aus dem Ofen nehmen und in der Form vollständig erkalten lassen.

Für die Garnitur den Zucker zusammen mit 1 EL Wasser bei niedriger bis mittlerer Hitze in einem kleinen Topf (mit dickem Boden) erwärmen, ohne Umrühren auflösen und anschließend zum Kochen bringen. Den Zucker solange köcheln lassen, bis er zu bernsteinfarbenem Karamell geworden ist, vom Herd nehmen und mit der Crème double verrühren (Vorsicht, die Masse neigt sehr zum Spritzen und wird schnell hart!). Das Karamell bis zum vollständigen Erkalten beiseite stellen.

Die Butter cremig aufschlagen, langsam, aber beständig das abgekühlte Karamell dazugießen und alles zu einer einheitlichen, glatten Creme verrühren.

Den fertigen Teig aus der Form nehmen und in Stücke schneiden. Die Karamellcreme in den vorbereiteten Spritzbeutel füllen und jeden Brownie mit einem ordentlichen Klecks Creme garnieren.

Die Rocky Roadies sind nichts für Zartbesaitete,
denn ihre Garnitur besteht aus Unmengen von Mini-
Marshmallows, Zuckerstreuseln, Nüssen, kandierten
Kirschen und Schoko-Tropfen.

Rocky Roadies

1 Portion dunkle Schokoladen-
Brownies (Grundrezept Seite 10)
75 g Mini-Marshmallows
Zuckerstreusel
75 g Wal- oder Pekannüsse,
gehackt
100 g kandierte Kirschen (natur-
belassen und/oder gefärbt),
gehackt
100 g Zartbitterschokolade,
gehackt
*eine 20 x 30 cm große Backform,
eingefettet und mit gefettetem
Backpapier ausgelegt*

ergibt 16–20 Stück

Den Backofen auf 170 °C vorheizen.

Den Teig nach dem Grundrezept auf Seite 10 zubereiten und anschließend auf mittlerer Schiene im vorgeheizten Ofen 20 Minuten backen.

Den fertigen Teig aus dem Ofen nehmen und die Oberfläche rasch mit den Marshmallows, den Zuckerstreuseln, den Nüssen, den Kirschen und den Schoko-Drops bestreuen.

Die Form 3 Minuten lang in den Ofen zurückschieben, bis die Marshmallows und die Schoko-Drops zu schmelzen beginnen, herausnehmen und die Brownies in der Form vollständig erkalten lassen. Vor dem Servieren in Stücke schneiden.

Die Malzmilch-Brownies werden mit einer bunten Mischung schokolierter Malzmilchkugeln garniert und erinnern mit ihrer hügeligen Oberfläche eher an eine Mondlandschaft als an ein Gebäck.

Malzmilch

75 g Walnüsse, geschält
175 g Allzweckmehl
¼ TL Backpulver
¼ TL Backnatron
2 gehäufte EL Malzmilchpulver
1 Prise Salz
175 g weiche Butter
225 g hellbrauner weicher Zucker
3 Eier, leicht verquirlt
2 TL Vanille-Extrakt
75 g Malzmilchkugeln,
mit Milchschokolade überzogen
und halbiert

Garnitur
1 Portion Milchschokoladencreme (Seite 9)
Malzmilchkugeln, teils mit
Milchschokolade und teils mit
weißer Schokolade überzogen
verschiedene Schokostreusel
*eine 23 x 23 cm große Backform,
eingefettet und mit gefettetem
Backpapier ausgelegt*

ergibt 16 Stück

Den Backofen auf 170 °C vorheizen.

Die Walnüsse auf einem Backblech verteilen, im vorgeheizten Ofen 5 Minuten rösten und anschließend klein hacken. Die Nüsse zum Abkühlen beiseite stellen und den Ofen für später angeschaltet lassen.

Das Mehl zusammen mit dem Backpulver, dem Backnatron, dem Malzmilchpulver und dem Salz in eine Schüssel sieben.

Die Butter und den Zucker in einer separaten Schüssel cremig aufschlagen, die Eier einzeln nacheinander hinzufügen und die Masse nach jeder neuen Zugabe sorgfältig durchmischen. Anschließend den Vanille-Extrakt dazugeben. Die gesiebte Mehlmischung unterheben, alles gründlich miteinander vermengen und zum Schluss die Walnüsse und die halbierten Malzmilchkugeln unterrühren.

Die Masse in die vorbereitete Backform streichen und auf mittlerer Schiene im vorgeheizten Ofen 20–25 Minuten backen, bis sie merklich aufgegangen und goldbraun ist. Den fertigen Teig aus dem Ofen nehmen und in der Form vollständig erkalten lassen.

Die Milchschokoladencreme nach dem Rezept auf Seite 9 zubereiten, den Teig aus der Form nehmen und die Creme gleichmäßig darauf verteilen. Den Teig in 16 Stücke schneiden und die Brownies mit den Malzmilchkugeln und den Schokostreuseln garnieren.

Wenn Sie das Haselnusskrokant für die Brownies nicht selbst herstellen möchten, dann bereiten Sie einfach das Brownie-Grundrezept auf Seite 10 zu und ersetzen Sie die Zartbitterschokolade durch Schokolade, die bereits Krokantstückchen enthält.

Haselnusskrokant

1 Portion dunkle Schokoladen-Brownies (Seite 10, doch bereiten Sie zuerst das Krokant zu)

Krokant
150 g Zucker
100 g abgezogene Haselnüsse

Garnitur
1 Portion dunkle Schokoladencreme (Seite 9)
100 g abgezogene Haselnüsse, leicht geröstet

eine 20 x 20 cm große Backform, eingefettet und mit gefettetem Backpapier ausgelegt

ergibt 12–16 Stück

Zunächst das Krokant zubereiten. Hierfür den Zucker zusammen mit 1 EL Wasser bei niedriger Hitze in einen kleinen Topf (mit dickem Boden) erwärmen, ohne Umrühren auflösen und vorsichtig zum Kochen bringen. Anschließend den Zucker 2–4 Minuten lang köcheln lassen, bis er zu bernsteinfarbenem Karamell geworden ist, die Haselnüsse unterheben und die Masse auf das geölte Backblech streichen. Auf dem Blech vollständig erkalten lassen und danach mit Hilfe einer Küchenmaschine klein hacken. Das Backblech erneut einölen.

Den Backofen auf 170 °C vorheizen.

Die dunklen Schokoladen-Brownies (Seite 10) zubereiten und die Hälfte des klein gehackten Krokants unterrühren. Die Mischung in die vorbereitete Backform streichen und auf mittlerer Schiene im vorgeheizten Ofen 20–25 Minuten backen.

Den fertigen Teig aus dem Ofen nehmen und in der Form vollständig erkalten lassen. In der Zwischenzeit die dunkle Schokoladencreme (Seite 9) zubereiten, 2 EL des Haselnusskrokants unterheben und die Creme bis zum Festwerden in den Kühlschrank stellen.

Den Zucker zusammen mit 1 EL Wasser bei niedriger Hitze in einem kleinen Topf (mit dickem Boden) erwärmen und ohne Umrühren vollständig auflösen. Den Zucker danach vorsichtig zum Kochen bringen und solange köcheln lassen, bis er zu bernsteinfarbenem Karamell geworden ist. Vom Herd nehmen, ein paar Zentimeter hoch kaltes Wasser ins Spülbecken laufen lassen und den Topf hineinstellen. Die Haselnüsse unverzüglich unter das Karamell rühren und anschließend mit Hilfe einer Gabel rasch wieder herausheben, sodass ein langer, spitz zulaufender Karamellfaden an jeder Nuss hängen bleibt. Die Nüsse auf das geölte Backblech legen und den Karamellüberzug fest werden lassen.

Den Teig in Rauten oder Quadrate schneiden, mit der Schokoladencreme bestreichen und mit den karamellisierten Haselnüssen garnieren. Die Brownies anschließend mit dem restlichen Krokant bestreuen und zusammen mit Eiscreme servieren.

Der „Deutsche Schokoladenkuchen" hat im Grunde gar nichts mit Deutschland zu tun, sondern ist eigentlich ein klassisches amerikanisches Rezept. Die für diesen Kuchen charakteristische Kokos-Pekannuss-Füllung ist die perfekte Garnitur für diese dunklen Schokoladen-Brownies.

Deutscher Schokoladenkuchen

1 Portion dunkle Schokoladen-Brownies (Seite 10)

Garnitur

150 g geschälte Pekannüsse
150 g getrocknete Kokosraspeln
200 ml Crème double
200 g hellbrauner weicher Zucker
3 Eigelb
50 g Butter
1 TL Vanille-Extrakt
1 Prise Salz
1 Portion dunkle Schokoladencreme (Seite 9)
essbarer Gold-Glitter
eine 20 x 30 cm große Backform, eingefettet und mit gefettetem Backpapier ausgelegt
einen Spritzbeutel mit sternförmiger Tülle

ergibt 16–20 Stück

Den Backofen auf 170 °C vorheizen.

Die Pekannüsse auf einem Backblech verteilen, im vorgeheizten Ofen 5 Minuten rösten und anschließend klein hacken. Die Nüsse zum Abkühlen beiseite stellen.

Die Kokosraspeln bei niedriger Hitze in einer Bratpfanne ohne Fett erwärmen und unter häufigem Rühren hellgelb rösten.

Die dunklen Schokoladen-Brownies nach dem Grundrezept auf Seite 10 zubereiten und den Teig auf mittlerer Schiene im vorgeheizten Ofen 20 Minuten backen.

Den fertigen Teig aus dem Ofen nehmen und in der Form vollständig erkalten lassen.

Für die Füllung die Crème double, den Zucker, die Eigelbe und die Butter bei niedriger bis mittlerer Hitze in einem mittelgroßen Topf (mit dickem Boden) erwärmen, die Mischung unter ständigem Rühren 7 Minuten lang köcheln lassen, bis sie geschmeidig und etwas eingedickt ist, und den Topf danach vom Herd nehmen. Den Vanille-Extrakt, das Salz sowie die gerösteten Nüsse und Kokosraspeln dazugeben, die Karamellcreme auf den erkalteten Brownie-Teig streichen und alles mindestens 2 Stunden lang ruhen lassen.

Die dunkle Schokoladencreme nach dem Rezept auf Seite 9 zubereiten.

Den Teig in 16–20 Stücke schneiden, die Schokoladencreme in den vorbereiteten Spritzbeutel füllen und auf jeden Brownie eine Rosette aufspritzen. Die Brownies vor dem Servieren mit dem Gold-Glitter bestreuen.

Diese mit „warmen Gewürzen" zubereiteten Brownies schmecken
noch besser, wenn Sie sie bereits einen oder zwei Tage im Voraus
backen. Und auch wenn's schwerfällt: nicht naschen!

Lebkuchen

275 g Zartbitterschokolade,
gehackt

175 g Butter, in Würfeln

125 g Allzweckmehl

1 Prise Salz

1 TL Zimt, gemahlen

2 TL Ingwer, gemahlen

¼ TL Muskat, frisch gerieben

1 Prise scharfes Chilipulver

50 g Ingwer, kandiert

175 g Mascobado (Vollrohrzucker), plus 1 EL extra

2 EL heller Zuckersirup oder
Maissirup

1 EL Melassesirup

4 Eier

1 TL Vanille-Extrakt

50 g Mandelstifte, gehackt

1 Portion dunkle Schokoladencreme (Seite 9)

essbare Goldperlen

*eine 20 x 20 cm große Backform,
eingefettet und mit gefettetem
Backpapier ausgelegt*

ergibt 16 Stück

Den Backofen auf 170 °C vorheizen.

Die Schokolade und die Butter in eine hitzebeständige Schale geben, die Schale auf
einen Topf mit köchelndem Wasser stellen und alles zu einer einheitlichen geschmeidigen Masse verrühren. Die Schokolade etwas abkühlen lassen.

Das Mehl, das Salz und sämtliche Gewürze in eine Schüssel sieben.

Den kandierten Ingwer klein hacken. Anschließend den Zucker mit dem Zucker- bzw.
Maissirup, dem Melassesirup, den Eiern und dem Vanille-Extrakt in einer separaten
Schüssel vorsichtig aufschlagen, die geschmolzene Schokolade unterrühren und alles
gründlich miteinander vermengen. Zum Schluss die Mandeln, die Hälfte des klein
gehackten Ingwers und die Mehl-Gewürz-Mischung unterheben.

Die Masse in die vorbereitete Backform streichen und auf mittlerer Schiene im vorgeheizten Ofen 25 Minuten backen.

Den fertigen Teig aus dem Ofen nehmen, in der Form vollständig erkalten lassen und
anschließend herausheben. Den Teig in Frischhaltefolie wickeln und über Nacht ruhen
lassen.

Am nächsten Tag die dunkle Schokoladencreme nach dem Rezept auf Seite 9 zuberei-
ten, auf dem Brownie-Teig verteilen und mit einer Gabel diagonale Streifen durch die
Creme ziehen. Das Ganze in 16 Stücke schneiden und die Brownies mit den restlichen
Ingwerstückchen und den Goldperlen bestreuen.

Das nachfolgende Rezept ist ideal für die Verarbeitung von Brownie-Resten. Natürlich ist diese Bemerkung nicht ganz ernst gemeint, denn wer hat schon genügend Reste dieser leckeren kleinen Kuchen übrig, um daraus ein Fondue zu machen? Sie benötigen für das nachfolgende Rezept also eine Portion dunkle Schokoladen-Brownies und eine Portion helle Brownies mit weißer Schokolade und Pekannüssen, jeweils in mundgerechte Häppchen geschnitten. Wenn Sie das Fondue ausschließlich für Erwachsene zubereiten möchten, dann können Sie die Saucen außerdem mit 1 EL Brandy oder Rum verfeinern.

Brownie-Fondue

1 Portion dunkle Schokoladen-Brownies (Seite 10)
1 Portion helle Brownies mit weißer Schokolade und Pekannüssen (Seite 22)
Erdbeeren und Marshmallows zum Dippen

Dunkle Fondue-Sauce
150 g Zartbitterschokolade, fein gehackt
1–2 EL Ahornsirup oder heller Zuckersirup
200 ml Crème double

Helle Fondue-Sauce
200 g weiße Schokolade, fein gehackt
1 TL Vanille-Extrakt
150 ml Crème double
Holzspieße zum Aufspießen

Eine Portion der dunklen Schokoladen-Brownies (Seite 10) sowie eine Portion der hellen Brownies mit weißer Schokolade und Pekannüssen (Seite 22) zubereiten oder Brownie-Reste verwenden, sofern Sie welche haben.

Für die dunkle Fondue-Sauce alle Zutaten bei niedriger Hitze in einem kleinen Topf erwärmen, die Schokolade unter ständigem Rühren zum Schmelzen bringen (Vorsicht, die Mischung darf dabei weder kochen noch am Topfboden anbrennen!) und anschließend vom Herd nehmen. Die Sauce in eine Schale gießen.

Die helle Fondue-Sauce ebenso wie die dunkle Sauce zubereiten, allerdings mit den hierfür angegebenen Zutaten.

Die Brownies in mundgerechte Würfel schneiden und zusammen mit den Erdbeeren, den Marshmallows und den beiden Dipp-Saucen servieren. Die Holzspießchen danebenlegen.

Für Kinder

Diese üppigen cremigen Whopper sind garantiert nicht nur etwas für die Kleinen …

Brownie-Whopper

75 g Zartbitterschokolade, gehackt
75 g Butter, in Würfeln
275 g Allzweckmehl
2 EL Kakaopulver
1 TL Backpulver
1½ TL Backnatron
1 Prise Salz
75 g Zucker
125 g Mascobado (Vollrohrzucker)
1 Ei, leicht verquirlt
125 ml Sauerrahm, zimmerwarm
½ Portion Buttercreme mit weißer Schokolade (Seite 9)
1 Portion Schokoladenglasur (Seite 9)
Zuckerstreusel
2 große Backbleche, mit Backpapier ausgelegt
1 Spritzbeutel mit sternförmiger Tülle

ergibt 12 Stück

Den Backofen auf 170 °C vorheizen.

Die Schokolade und die Butter in eine hitzebeständige Schale geben, die Schale auf einen Topf mit köchelndem Wasser stellen und alles zu einer einheitlichen geschmeidigen Masse verrühren. Die Schokolade etwas abkühlen lassen.

Das Mehl zusammen mit dem Kakaopulver, dem Backpulver, dem Backnatron und dem Salz in eine Schüssel sieben.

Den weißen Zucker, den Mascobado, das Ei und den Sauerrahm in eine andere Schüssel geben, die geschmolzene Schokolade hinzufügen und alles gründlich vermengen. Zum Schluss die Mehlmischung sowie 5 EL kochendes Wasser unterrühren, den Teig in 24 gleich große Portionen teilen und die einzelnen Portionen klecksartig und mit genügend Abstand zueinander auf den vorbereiteten Backblechen verteilen. Die Whopper auf mittlerer Schiene im vorgeheizten Ofen in 10–12 Minuten fertig backen und anschließend 3 Minuten lang auf den Blechen abkühlen lassen. Bis zum vollständigen Erkalten auf ein Kuchengitter legen.

Die Buttercreme und die Schokoladenglasur nach den jeweiligen Rezepten auf Seite 9 zubereiten. Anschließend die Buttercreme in den vorbereiteten Spritzbeutel füllen, großzügig auf die Hälfte der Whopper spritzen und die andere Hälfte der Whopper als Abschluss darauflegen.

Die fertig gefüllten Whopper mit der Schokoladenglasur bestreichen, mit Zuckerstreuseln garnieren und vor dem Servieren nochmals etwas ruhen lassen.

Bei diesem Rezept dürfen Sie ganz kreativ sein und sich von dem riesigen Angebot an Zucker- und Schokostreuseln inspirieren lassen. Auch kleine Geburtstagskerzen machen sich auf den bunten Brownie-Rädern recht hübsch.

Brownie-Räder

1 Portion Kinder-Brownies (Seite 54)

Garnitur
1 Portion Milchschokoladencreme (Seite 9)
½ Portion Buttercreme mit weißer Schokolade (Seite 9)
verschiedene Nüsse, gehackt und leicht geröstet
verschiedene Zuckerstreusel
Schokoladenstreusel
Schoko-Tropfen aus weißer Schokolade und Milchschokolade
runde Plätzchenausstecher in verschiedenen Größen
1 Spritzbeutel mit beliebiger Tülle

ergibt 16–20 Stück

Am leichtesten lassen sich die Kreise ausstechen und garnieren, wenn Sie den Teig bereits am Vortag backen.

Die Kinder-Brownies nach dem Rezept auf Seite 54 zubereiten und den Teig anschließend in der Form erkalten lassen. Am besten stellen Sie ihn, in Frischhaltefolie gewickelt, über Nacht in den Kühlschrank.

Am nächsten Tag die Milchschokoladencreme nach dem Rezept auf Seite 9 zubereiten und etwas eindicken lassen.

Die Buttercreme nach dem Rezept auf Seite 9 zubereiten.

Den gekühlten Teig aus der Form nehmen und mit Hilfe der Plätzchenausstecher runde Kreise daraus ausstechen. Ein Paletten- oder Tortenmesser zur Hand nehmen und den umlaufenden Rand der Räder mit der Buttercreme bestreichen.

Die gehackten Nüsse, die Zuckerstreusel sowie die Schokoladenstreusel auf separate Teller geben und jedes Rad ausgiebig in jeweils einer dieser Garnituren wälzen.

Etwas Buttercreme oder Milchschokoladencreme in den Spritzbeutel füllen und die Creme in dekorativen Mustern und Rosetten auf die Seiten der Räder spritzen (am besten verschiedene Tüllen dafür verwenden). Alternativ dazu die Buttercreme mit Hilfe eines Paletten- oder Küchenmessers gleichmäßig auftragen. Zum Schluss einige der Räder mit Schoko-Tropfen verzieren und die Creme vor dem Servieren fest werden lassen.

Bereiten Sie diese niedlichen Eulen doch einmal in verschiedenen Größen zu und erschaffen Sie so eine ganze Eulen-Familie. Sie werden feststellen: Jede Eule hat ihren ganz individuellen Gesichtsausdruck!

Brownie-Eulen

Kinder-Brownies

100 g Wal- oder Pekannüsse, geschält (nach Belieben)
200 g Zartbitterschokolade, gehackt
175 g Butter, in Würfeln
250 g Zucker
4 Eier
1 TL Vanille-Extrakt
125 g Allzweckmehl
2 EL Kakaopulver
1 Prise Salz
75 g Milchschoko-Tropfen

Garnitur

1 Portion Milchschokoladencreme (Seite 9)
Schoko-Linsen und Schoko-Tropfen in verschiedenen Größen und Farben
schokolierte Toffees
eine 20 x 30 cm große Backform, eingefettet und mit gefettetem Backpapier ausgelegt
ein 6–7 cm großer runder Plätzchenausstecher

ergibt 12 Stück

Den Backofen auf 170 °C vorheizen.

Für die Kinder-Brownies die Nüsse auf ein Backblech geben (falls Sie Nüsse verwenden möchten), im vorgeheizten Ofen 5 Minuten rösten und anschließend klein hacken. Die Nüsse zum Abkühlen beiseite stellen und den Ofen für später angeschaltet lassen.

Die Schokolade und die Butter in eine hitzebeständige Schale geben, die Schale auf einen Topf mit köchelndem Wasser stellen und alles zu einer einheitlichen geschmeidigen Masse verrühren. Die Schokolade etwas abkühlen lassen.

Den Zucker, die Eier und den Vanille-Extrakt in einer separaten Schüssel mit einem Schneebesen schaumig aufschlagen, die geschmolzene Schokolade hinzufügen und alles gründlich miteinander vermengen. Anschließend das Mehl, das Kakaopulver und das Salz darübersieben und zum Schluss die Schoko-Tropfen und die Nüsse (falls gewünscht) unterheben. Die Mischung in die vorbereitete Backform streichen und auf mittlerer Schiene im vorgeheizten Ofen 25 Minuten backen.

Den fertigen Teig aus dem Ofen nehmen und in der Form vollständig erkalten lassen.

Die Milchschokoladencreme nach dem Rezept auf Seite 9 zubereiten, den Brownie-Teig aus der Form nehmen und mit Hilfe des Plätzchenausstechers 12 Kreise daraus ausstechen. Die Kreise auf ein Küchenbrett legen, ein Paletten- oder Tortenmesser zur Hand nehmen und die Kreise mit Ausnahme der Rückseite ringsum mit der Milchschokoladencreme bestreichen. Anschließend von einigen kleineren Schoko-Linsen das obere Drittel abschneiden und die Linsen in überlappenden Reihen als „Federkleid" auf dem unteren Teil der Räder anordnen. Die etwas größeren braunen Schoko-Linsen im oberen Teil der Räder als „Augen" anbringen, die weißen Schokolinsen darauflegen und die dunklen Schoko-Tropfen als „Pupillen" verwenden (am besten, Sie kleben die einzelnen Lagen der Augen mit etwas Schokoladencreme aufeinander). Die Toffees in Dreiecke schneiden und auf jeden Brownie ein Toffee-Dreieck als Schnabel aufkleben. U-huu!

Halten Sie bei Ihrem nächsten Einkauf nach rot-weiß-gestreiften Pfefferminzbonbons Ausschau, denn damit haben Sie die perfekte Garnitur für diese leckeren Brownies.

Minze & Weiße Schokolade

1 Portion Kinder-Brownies (Seite 54, aber beachten Sie bitte die Besonderheiten des nachfolgenden Rezeptes)
1 TL Pfefferminz-Extrakt
75 g weiße Schoko-Tropfen
rot-weiß gestreifte Pfefferminzbonbons als Garnitur

Minze-Buttercreme
225 g Puderzucker
125 g weiche Butter
1 TL Pfefferminz-Extrakt

Schokoladenglasur
125 g Zartbitterschokolade, gehackt
1 EL heller Zuckersirup oder Maissirup
eine 23 x 23 cm große Backform, eingefettet und mit gefettetem Backpapier ausgelegt
ergibt etwa 16 Stück

Den Backofen auf 170 °C vorheizen.

Die Kinder-Brownies nach dem Rezept auf Seite 54 zubereiten, dabei jedoch den Vanille-Extrakt durch 1 TL Pfefferminz-Extrakt ersetzen. Ebenso statt der Nüsse und der Milchschoko-Tropfen 75 g weiße Schoko-Tropfen unter den Teig rühren.

Den Teig in die vorbereitete Backform streichen und auf mittlerer Schiene im vorgeheizten Ofen etwa 25 Minuten backen, bis sich eine dünne Kruste auf der Oberfläche gebildet hat. Den fertigen Teig aus dem Ofen nehmen und in der Form vollständig erkalten lassen.

Für die Buttercreme den Puderzucker in eine Schüssel sieben, die Butter hinzufügen und die Masse cremig aufschlagen. Den Pfefferminz-Extrakt unterrühren und alles vermengen.

Den ausgekühlten Brownie-Teig aus der Form nehmen, gleichmäßig mit der Buttercreme bestreichen und bis zum Festwerden der Creme in den Kühlschrank stellen.

Für die Schokoladenglasur die Schokolade und den Sirup in eine hitzebeständige Schale geben, die Schale auf einen Topf mit köchelndem Wasser stellen (Vorsicht, der Boden der Schüssel darf das Wasser dabei nicht berühren!) und die Schokolade unter gelegentlichem Rühren zum Schmelzen bringen. Die Mischung glatt rühren, vom Herd nehmen und anschließend zum Abkühlen und Nachdicken beiseite stellen.

Die ausgekühlte Glasur auf die Buttercreme streichen und die Brownies bis zum Festwerden der Glasur in den Kühlschrank stellen.

Den Teig mit Hilfe eines langen, zuvor in heißes Wasser getunkten Messers in Stücke schneiden und die Brownies mit den Pfefferminzbonbons garnieren.

Bei diesen leckeren Mini-Kuchen handelt es sich, streng genommen, weder um Cupcakes noch um Brownies. Mit ihrem schokoladig-karamelligen Geschmack sind sie jedoch genau das Richtige, wenn Sie Brownies in kleinen, überschaubaren Portionen backen möchten.

175 g Zartbitterschokolade, gehackt
125 g Butter, in Würfeln
150 g hellbrauner weicher Zucker
2 Eier
1 TL Vanille-Extrakt
100 g Allzweckmehl, plus 1 EL extra
¼ TL Backpulver
1 Prise Salz
1 Portion Milchscholadencreme (Seite 9)
Zuckerstreusel
ein Muffinblech mit 12 Vertiefungen, mit 10 hübschen Papier-Backförmchen ausgelegt
1 Spritzbeutel mit sternförmiger Tülle

ergibt 10 Stück

Cupcake-Brownies

Den Backofen auf 170 °C vorheizen.

Die Schokolade und die Butter in eine hitzebeständige Schale geben, die Schale auf einen Topf mit köchelndem Wasser stellen und alles zu einer einheitlichen geschmeidigen Masse verrühren. Die Schokolade etwas abkühlen lassen.

Den Zucker, die Eier und den Vanille-Extrakt in einer separaten Schüssel 2–3 Minuten lang schaumig aufschlagen, die geschmolzene Schokolade hinzufügen und alles gründlich miteinander vermengen. Anschließend das Mehl, das Backpulver und das Salz darübersieben und die Masse zu einem geschmeidigen Teig verrühren.

Die zehn vorbereiteten Vertiefungen des Muffinbleches zu jeweils zwei Dritteln mit Teig füllen und die Muffins auf mittlerer Schiene im vorgeheizten Ofen 15 Minuten backen, bis sie merklich aufgegangen sind.

Den fertigen Teig aus dem Ofen nehmen, 2 Minuten in der Form abkühlen lassen und bis zum vollständigen Erkalten auf ein Kuchengitter legen.

Die Milchschokoladencreme nach dem Rezept auf Seite 9 zubereiten, in den vorbereiteten Spritzbeutel füllen und anschließend in hübschen Rosetten auf den ausgekühlten Teig spritzen. Die Zuckerstreusel auf der Creme verteilen und die Cupcakes vor dem Servieren nochmals ruhen lassen.

Wenn Sie sich nicht so recht zwischen Brownies und Cookies (Keksen) entscheiden können, dann bereiten Sie doch einfach beides auf einmal zu.

Brookies

Cookie-Teig

125 g Allzweckmehl

½ TL Backnatron

1 Prise Salz

100 g weiche Butter

100 g hellbrauner weicher Zucker

50 g Zucker

1 Ei, leicht verquirlt

1 TL Vanille-Extrakt

75 g Zartbitterschokolade-Tropfen

Brownie-Teig

125 g Zartbitterschokolade, gehackt

75 g (5 EL) Butter, in Würfeln

125 g Zucker

2 Eier

1 TL Vanille-Extrakt

60 g Allzweckmehl

1 Prise Salz

50 g Pekannüsse, gehackt

10 runde Backförmchen, etwa 10 cm im Durchmesser und 3 cm tief, eingefettet und mit Backpapier ausgelegt

ergibt 10 Stück

Den Backofen auf 170 °C vorheizen.

Zunächst den Cookie-Teig zubereiten. Hierfür das Mehl, das Backnatron und das Salz in eine Schüssel sieben und in einer separaten Schüssel die Butter und die beiden Zuckersorten cremig aufschlagen. Anschließend das Ei in kleinen Portionen zur Butter-Zucker-Masse geben und nach jeder neuen Zugabe sorgfältig umrühren. Zum Schluss den Vanille-Extrakt, die gesiebte Mehlmischung und die Schoko-Tropfen unterrühren und den Teig für 30 Minuten in den Kühlschrank stellen.

Für die Brownie-Mischung die Schokolade und die Butter in eine hitzebeständige Schale geben, die Schale auf einen Topf mit köchelndem Wasser stellen und die Masse anschließend glatt rühren. Etwas abkühlen lassen.

In einer separaten Schüssel den Zucker, die Eier und den Vanille-Extrakt zu doppeltem Volumen aufschlagen, die geschmolzene Schokolade hinzufügen und alles gründlich miteinander vermengen. Das Mehl und das Salz darübersieben, sorgfältig untermischen und zum Schluss die Pekannüsse unterrühren.

Die Brownie-Mischung gleichmäßig in die vorbereiteten Backförmchen füllen, glatt streichen und pro Förmchen einen großzügig bemessenen Löffel Cookie-Teig auf die Brownie-Mischung geben.

Die Backförmchen auf ein Backblech legen und die Brookies auf mittlerer Schiene im vorgeheizten Ofen in etwa 15 Minuten goldbraun backen.

Die fertigen Brookies aus dem Ofen nehmen, 5 Minuten in der Form abkühlen lassen und mit Hilfe eines Paletten- oder Tortenmessers vorsichtig vom Rand lösen. Auf einem Kuchengitter vollständig erkalten lassen.

Ich habe diese Lollies mit weihnachtlichen Zuckerstreuseln und -sternen garniert. Falls Sie jedoch auf der Suche nach einem hübschen Valentinstagsgeschenk sind, dann verzieren Sie die Brownie-Lollies doch einfach mit roten bzw. rosa-farbenen Zuckerherzen.

Brownie-Lollies

1 Portion Kinder-Brownies
(Seite 54)
3–4 EL Aprikosen- oder
Himbeerkonfitüre

Garnitur
1 Portion Milchschokoladencreme (Seite 9)
verschiedene Zuckerstreusel und
-sterne sowie andere essbare
Weihnachtsdeko
*eine 20 x 30 cm große Backform,
eingefettet und mit gefettetem
Backpapier ausgelegt
ein 5 cm großer runder
Plätzchenausstecher
24 Lollystiele aus Holz*

ergibt 24 Stück

Am einfachsten geht das Ausstechen, wenn Sie den Teig bereits 1 Tag im Voraus zubereiten.

Den Backofen auf 170 °C vorheizen.

Die Kinder-Brownies nach dem Rezept auf Seite 54 zubereiten.

Den fertigen Teig aus dem Ofen nehmen und in der Form vollständig erkalten lassen.

Den ausgekühlten Teig aus der Form heben, mit dem Plätzchenausstecher 24 Kreise daraus ausstechen und die Kreise anschließend auf einem Brett erkalten lassen.

Die Konfitüre in einem kleinen Topf erwärmen, durchpassieren und auf die Brownie-Kreise streichen. Die Kreise auf einem Kuchengitter 5–10 Minuten ruhen lassen.

In der Zwischenzeit die Milchschokoladencreme nach dem Rezept auf Seite 9 zubereiten und etwas eindicken lassen.

Die Milchschokoladencreme mit Hilfe eines Paletten- oder Tortenmessers gleich-mäßig auf die Brownie-Kreise auftragen, in jeden Brownie-Kreis einen Lollystiel stecken und die Kreise bis zum Festwerden der Creme auf eine Lage Backpapier legen. Die Lollies vor dem Servieren mit bunten Zuckerstreuseln und anderen weih-nachtlichen Motiven verzieren.

Register